JN108530

イエス・キリストの光(スピリット)

宇宙(SORA)から降り注ぐメッセージ

やわやま まこと
シャーマニック・セラピスト

現代書林

　この本は「キリスト教」の本ではありません。

　宗教団体でもなく布教本や聖書でもありません。

　いまからおよそ2000年前にキリスト教を布教するために、哲学者や法律家たちが書き記した「福音書」でもありません。

　この本は私やわやままことが、イエス・キリストから直に通信されてきたメッセージや、彼らの別次元の現象を写真に収めさせて頂いたものです。

　今の地球と地球に住むすべての生息体（動・植物、鉱物、昆虫や海中生物、菌やウイルス

神々の集合光、金のヴェールから飛び立つイエス・キリストの光

他）、とくに人類に伝達するためのメッセージ集です。

　宗教団体では無いので、会則も規律も、戒律や遵守事項、禁止事項もありません。

　この本に関心が持てる方は理屈や理論ではなく、感性を刺激されてください。

　これからの時代は理屈や理論の必要性は薄らいでいきます。豊かで繊細な感受性、爽やかでこころ温まる表現力が求められる時代に転換していくからです。

　あなたのこころの芯に灯が燈されますように。グッド・ラック！

イエス・キリストの光を始め、写真はすべてやわやま
が撮影した実写です。

　イエス・キリストの魂は全世界のキリスト教会を2000
年の間、始終網羅しています。

　小学生のころ近所の教会へ通い始めましたが、父が
「入信してはいけない。対立を作るから」と。よって洗
礼はどこの教会でも、一度も受けたことはありません。

この本の写真はすべて実写で、CG等の加工は一切ありません。

もくじ
CONTENTS

第 1 章

出会いとメッセージ

イエス・キリストの光──スピリット

多次元眼撮影
（Hyper dimensionshot）
とは…

「ハイパー・ディメンション・ショット」とは、三次元での視力とは別次元の眼で見たり、撮影をすることです。

通常、カメラなどでの撮影は、視力で見たもの・見えたものをカメラのレンズを通して撮影し写真にします。しかし「ハイパー・ディメンション・ショット」では、アンタカラーナ（頭頂から上空へ延びた外脳）を使って、四次元眼や五次元眼で撮影すると霊体や宇宙船などが撮影されます。またそれとは異なり、撮影者がワームホールへ入って撮影させていただける場合もあります。

これは高次元からのお誘いを受けて、彼ら異星人や神々の指示通りに撮影をします。

やわやまの場合は人間の霊界や動物の霊界、植物の精霊界からお呼びいただいたり、宇宙界からのサインがあり、手持ちの携帯やスマホ、デジカメや一眼レンズカメラで撮影をさせていただきます。高次元から認可されて、サインの指示通りに（テレパシー受信をして）カメラを向けてシャッターを切ります。

それらの写真を集めたものが『方舟』です。『方舟』は地湧社より発行させていただきました。

また「輝素だより」や「スターピープル」、「anemone」などの紙面にも掲載させていただいています。

これらの写真を見た方々も霊眼が育成されてきます。また写真を見続けると、パニック症や対人恐怖症などが克服されるケースもあります。

この「ハイパー・ディメンション・ショット」は、アンタカラーナを発達させると撮影が可能になり、異星人とのコミュニケーションもテレパシーで楽しめるようになってきます。言葉は必要ありません。自分が思ったら瞬時に相手が理解してくれて、相手が思った瞬間に自分も理解できてしまいます。ですから翻訳機も過去の遺産になってしまいます。

やわやまは
イエス・キリストの
スピリットとダイレクトに
繋がった

　イエス・キリストは、2000年の時を経てまたこの地球に戻ってきた！

　そのスピリットがある日、突如現れてメッセージを伝えるために輝き出しました。

　この地球と地球に住む人々に、とてもとても大切な役割と行動があることを伝えに。そのイエス・キリストの光の中の輝くメッセージを皆様へお伝えさせていただきます。

ワンコのお散歩をしていると住宅街に突如イエス・キリストのブルーに輝く美しいスピリットが出現

あまりにも
単刀直入なメッセージ

　毎朝のワンコのお散歩で住宅街を歩いていると突如目の前に碧く輝く一つの球体の光が現れました。

　「私はイエス・キリストです。あなたに会いに大気圏の外から次元下降して来ました。あなたにお伝えしたいことがあります。今から説明することをぜひ地球に住む多くの皆さんへ伝えてくださ

て、地球の皆さんたちが実行してくださるようにお願いいたします。」

　そして幾つかの項目を述べ、幾つかの注意点を付け加えられて、一瞬のうちに上空へ昇っていきました。そして金のヴェールの中へ消えていきました。

● 「これからこの地球に大きな変化が起こります。地球人たちの対策ではどうすることもできない、大きな変化が起こります。」

● 「そのための準備は、地球人たちのこころの中のエネルギーをクリア（浄化）にすることです。回りの人たちと調和することです。敵対や憎み、嫉みや恨みなどのネガティブな気持ちを抱いてばかりではいけません。しっかり、正しく、清く思って行動してください。地球の田原澄さんがおっしゃった〔洗心〕を徹底してください。それにより皆さんの、大きな変化後の行き先が変わります。そして行き先が決まります。」

● 「クリスタルを活用してください。とくにクリスタル・ボウルの響きを純粋に奏でて『純粋な正弦波』の響きを日々浴びてください。」

　「その方法はあなたにお任せいたします。私も2千年前に行おうとしましたが、表現の仕方が当時の社会に適合できなかったため、私は十字架に掛けられてしまいました。ですから今の地球の国々の社会に適した方法でお伝えください。」

　「また、ときどきメッセージをお伝えに下りて参ります」と。

　その直後、碧く輝く丸い光はスーと上空へ消えていきました。

月もオーラの中で移動します。

イエス・キリストからの
メッセージ

　私イエスは2000年もの間、地球から離れて他の星や銀河を巡り、宇宙の進化・発展のサポートをしてまいりました。そして今、間もなく迎えるであろう「地球の次元上昇」に係わる大切なフォローのために、また地球へ戻って来ました。

　地球では数人の勇士たちが、私のお伝えした大切な「愛の意識」「愛の息吹」を胸の奥に秘めて、いざこの時を待ち望んでいます。

　そして多くのキリスト教会に集われる皆様、また集うことはないけれど胸の奥がムズムズしだしている方々のハート・チャクラに、インパルスを送り、大きなウエーブを起こします。すると光の方舟が上空からいっせいに降下して、皆様へ愛の手を差し伸べ始めます。

私は遥かな時節を越えて銀河巡回からこの地球へ戻って参りました。
スーパームーンを経由して地球へ降りていきます。

ユーミンさんの「♪不思議な体験」や山下達郎さんの「♪スプレンダー」の歌が浮かんでくることでしょう。

もっと愛のエネルギーを理解してください。愛の本質を感じてください。

自分の輝きに気づいて自分が輝くことです。それを見た存在たちはあなたを認めて、愛してくださいます。全宇宙から愛されていることに気づきます。

満月になると夜空からイエス・キリストのスピリットが、
私たちにサインを送ってきます。

イエス・キリストからの
メッセージ

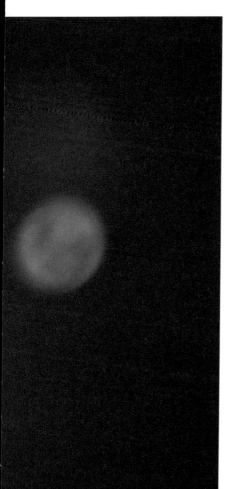

DNAコードの本数が増えると不老長寿に——

あなたの細胞の中に光をたくさん取り入れると、細胞が輝きだします。

細胞が輝きだすと、宇宙プラーナが体内全てを巡ってDNAコードが活性します。

DNAコードが活性しだすと塩基が増殖し始めます。

塩基が増殖し出すとDNAコードがスイフトし始めて、繊維がナノ分裂してきます。

DNAコード繊維がナノ分裂し始めると、しだいにコードが分裂し始めます。

するとDNAコードの本数が、2本は4本に、4本は8本に、と増えていきます。

DNAコードの本数が増えると、細胞が肉体造りを止めて光細胞へと転化し始めます。光細胞が増えることが人の進化です。すなわちDNAコードの本数が増えることが進化です。三次元の物質文化から逸脱し始めます。

脳の活動も必要がなくなり、アンタカラーナから宇宙プラーナを大量に享受します。すると宇

あなたの小さな細胞の中にはもう未来の世界が芽吹いています。
そしてDNAコードが倍々に増え、物質世界から隔離します。

宙のフリーエネルギーを活用できるようになります。

念波とリンクすると光速度よりはるかに速い念波速度の時空次元で生存でき、暮らすことのできる人々が増えていきます。老いから解放されています。

それらの人々は三次元から見ると神々です。金のヴェールに輝く人々です。

太陽星人はそのような人たちです。一年中気温25度、湿度34%、雨は夜中だけ降ります。作物は3日で完成します。同じ作物でさまざまな味覚を楽しめます。

政治はありません。自然界のエネルギーバランスによって、すべての生命体の生活が営まれます。すべて必要な人々だけが存在できます。格差はありません。とても霊絡の優れた方々しか存在できません。不老長寿の世界に。

あなたの小さな細胞の中にはもう未来の世界が芽吹いているのです。

当時、私イエスは 金星から地球へ 飛来した 宇宙人でした

私イエスは宇宙人です。地球の皆さんは、私を人と捉えてくださいました。超人と見ていたり、神の存在と崇めてくださったりしていました。

私は金星から地球にやってきました。ですから当時は金星人でした。

金星と地球は次元が違うので、私を超人や神と捉えても不思議ではありません。

超人や神であるなら、罪人のように十字架に掛けられることはないと思うかもしれません。でも、地球人たちが私をどのように処遇するかを確かめたかったのです。見届けたかったのです。確かめたうえで地球人たちの現実を正確に見届け、金星へ戻り報告したかったのです。ですから屍を石棺に入れられた状態で、一応光り輝く状態の体（オーブ）。その後数週間でお別れし、日本の各地を経由し金星へ戻りました。

金のヴェールとイエス・キリストのスピリット

イエス・キリストからの
メッセージ

　仏教でも、魂は輪廻転生で何回も生まれ変わっては、人生を何回も経験して魂の学習をすると表現されています。そう、人生は魂の学習をするための道場、ステージなのです。

　魂はチャクラへパワーを与えます。同時にオーラにもパワーを与えます。

　チャクラは身体へパワーを与えます。7つのチャクラは頭や呼吸器や骨格などにパワーを与えます。

　オーラは身体の外側を7層に包み、近いところは家族

や友だち、その外側は仕事関係や取引先関係、遠い親族などにパワーを与え合っています。さらには地球や宇宙にまで広げている方もいらっしゃいます。

私は宇宙のそこそこ広い範囲へパワーゾーンを広げています。

やわやまさんも最近は魂飛入圏で宇宙まで広げられていますね。

幽体離脱と魂飛入圏は大きく異なります。

幽体離脱はオーラの身体が浮遊することで、魂飛入圏は魂が離脱して、場合によっては大気圏外までテレポートすることです。そしてその実体験を魂に記憶してきます。

その場合は、自分でワームホールを作って潜ったり、宇宙船に乗ってワープします。

本来、魂は自由自在に宇宙を旅することができるものです。しかし今地球にいらっしゃる方々は、その身体の素材が、地球に存在する物質で構成されているために、身体の生存を存続させようとすれば魂が体外へ飛遊することはできない状態です。

言い換えれば、いわゆる物質世界に閉じ込められているのです。よって宇宙へ旅行するためには身体を宇宙へ移動する手段としてロケットやスペース船を用い、宇宙ステーションや基地などを設置しない限り、生存・生活できません。根本的に物質を利用することを止めて、霊体を捉え、霊体を基本として生活する方法、つまり霊体とエネルギー世界を基準として活動する手法がじきに示されます。それが私たち宇宙人や皆さんが考えている神々の世界です。「大本教」や「ひふみ神示」で言われる霊主体従です。霊本位体です。そのことが明かされる日時が迫ってきています。

イエス・キリストからの
メッセージ

「汝、隣人を愛せ」とは──
　隣人は自分以外の全ての民、生き物、自然の産物、宇宙からのエネルギーであり、たとえ敵意を持つ者であっても、反対勢力であっても、愛しましょうと伝えています。

　皆と合い和して共に歩むこと。調和、協調することで共に進化が早まるのです。
　競争、対戦、対立は破壊や損傷を招き、出直しになってしまい

ます。

この宇宙では、全体が調和すると光エネルギーが発生する仕組みになっています。

波長を純粋な正弦波に整えると進化が加速します。

人々は精神性を深く理解して、美しく輝かせることが大切です。

20世紀に流行った戦争を21世紀になった今もまだやってい

る人がいます。20世紀に作った兵器を使って。戦争は各国のトップの一部が行っているに過ぎません。自国内で実権を握り続けるための我欲です。

早く人々のために、国家のために、地球のために、宇宙のために何が必要か、何が優先されるべきかに気づき行動しましょう。

永遠の夢を追いかける人たちには次のステージでの役割が待っています。

イエス・キリストの光

やわやまの回想　教会での思い出——

小学1年から栃木県のカトリック教会に、毎週日曜日に通っていました。小学4年に上がるとき、父の転勤で東京杉並区へ移りました。日曜日になると聖書と賛美歌集を持って、勇んで近所の教会のこども日曜礼拝に赴きました。女性の先生の「ぼく、聖書は持っていますか?」という質問に、「はい、これを持ってます」と自信たっぷりに答えました。でも先生は「それは違うの。これがここの教会の聖書と賛美歌集ですよ」と言って、新たな聖書と賛美歌集をくださいました。

不思議に思いつつ家に帰って、母に「聖書と賛美歌集が違うんだって」と見せたところ、「フーン、学校の教科書も地域が違うと全部変わるから、そんなもんなんでしょ」。あっさりそう言われました。

キリスト教には宗派があり、カトリックとプロテスタントでは違うことを、小学生の私はまだ習っていなかったのです。「でもイエス・キリストは同じみたい!」と、わけもわからず母に話したことを思い出します。そういえば、末日聖徒イエス・キリスト教会も聖書が違っていたっけ……。

イエス・キリストは『スピリット(魂)』の状態で星々を巡回しています。

地球に降りる場合は、人の体を持つ時もありますが、身体がなくても皆さんとテレパシー会話をしています。皆さんお一人お一人がご自分のことと、地球星の発展のことを考えて働いてくだされば、体があろうとなかろうとそれは問題はありません。

神々の複合光「金のヴェール」から独立したイエス・キリストの光

珠玉の
超光波エネルギー
「金のヴェール」

キリスト教のイエス・キリスト。ヒンドゥー教のガネーシャ。

仏教のゴーダマ・ブッタ。ユダヤ教のエホバ。イスラム教のアッラー等。

天使たち、ラファエル、ミカエル、ガブリエル、ウリエル、ザドキエル、バラキエル、イェクディエルなど。

伊邪那岐神（イザナギ）、伊邪那美神（イザナミ）、天照大神、須佐之男命（スサノオミコト）、月読命（ツクヨミノミコト）、火之迦具土神（カノカグツチ）、日本武尊（ヤマトタケルノミコト）、大国主神（オオクニヌシノカミ）、天宇受売（アマノウズメ）、ほか多数。

恵比寿、大黒天、毘沙門天、金比羅、布袋、福禄寿、弁財天、寿老人など。

彼らが金のヴェールに集合し、この地球のすべての生命に光のパワーを与えています。

創造主の宇宙グラウンドで輝く『超複合光波のエネルギー』

この星からやって来ているとお
感じですか?

　さまざまな星から来ています。
皆さんが好きなプレアデス星団
のアルシオーネ星やタイゲタ星、
ケラノエ星やエレクトラ星から来
ている方もいますし、アルデバラ
ン星やケンタウルスから、ゼータ
レティクルから、またアンドロメ
ダ、カシオペア座、カメレオン座
などから。もっともっと遠くて見え
ない星で、地球人には観測され
ていない名もなき星々からも、い
っぱい飛来してきています。それ

は地球という星がとても興味深いからなのです。

でもほとんどの星の人たちは、まだ地球人と接触していません。地球人たちとの意識のギャップがありすぎるからです。できれば地球人たちがオープンマインドになってくださると嬉しいです。意識のグレードアップをしていただけると、お友だちになれます。なりやすいです。

今からおよそ2000年前に私イエスが地上に降りたときも、1975年にプレアデスのアルシオーネ星からセムヤージが、スイスのビリーマイヤー氏を尋ねたときも、地球人たちは宇宙の平均的な精神的グレードに達していませんでした。未開の星か発展途上の星にランクされ、宇宙を飛び回る宇宙人たちとはとても交流できる状態にはありませんでした。

しかしこれから間もなく、宇宙の星々や銀河たちの大転換が行われます。その時期が近づいています。この地球は、宇宙の創造主（天の父）のお膝元へ引き寄せられる計画になっています。そのために私イエスが再度巡回に来ざるを得なかったのです。

地球星に関わる全ての神々からの複合光波

今までに「オイカイワタチ」を書かれた渡辺大起氏、ひふみ神示を下ろされた岡本天明氏、大本教の出口直女史や出口王仁三郎氏。また波動の法則を下ろされた足立育朗氏。

　宇宙学の田原澄女史。ジョージ・アダムスキー氏やオスカー・マゴッチ氏。

　今の地球の医療や科学、文明などは、私たちも遠い昔に経験しました。その頃をとても懐かしく思います。しかしその後、あることに気づいたのです。それからは倍速、倍速で進歩・発展しました。地球の2020年と比べると超進化星になっています。地球の皆さんもその仕組みを理解し、取り入れれば、短期間で私たちに追いつけるはずです。とくに勤勉な日本人の方々にはとてもその可能性が見受けられます。

　まずは進化のスピードを加速する方法に気づかれ、取り入れられて、三次元から脱却されますことをお勧めいたします。その暁には私たちも、お手伝いをさせていただくことになると思います。

　また、皆さんが「神」と位置づける存在については、次元差を理解されていない状況のようです。四次元との霊界通信をされて、それを「神」からのメッセージとして受け止めていらっしゃる方々、あるいは「霊界の守護神」からのメッセージとして受け止められていらっしゃる方々がほとんどです。星から受信されている方々も、ご自分の出身星枠とだけ通信をされている方が多いと思います。地球やその回りの星が次元をアップされているので、宇宙通信網との感受性も日増しに高まっています。それで受信者も増えたり、混乱したりしていますね。自分から取りに行くよりも、待っているほうがメッセージを受け取りやすいです。自然に入ってきます。

　今のあなたの肉体の内側とオーラの光の柱の感度を高めて、センタリングを完成して私たちと繋がってください。

第 2 章

5大神からの集合光

統合が完了した神々の世界

どんな物事も、そのエネルギー量より愛のエネルギーが上回るように。
どんな時節も、そのエネルギー量より愛のエネルギーが満ちるように。
どんな時空も、そのエネルギー量より愛のエネルギーが溢れるように。

Splendor　閃光

　1994年頃からプレアデス星団から飛来している宇宙存在との通信が始まりました。やわやまは、さまざまな異星人や神々、天使たちからのメッセージを地球の皆様にお伝えしてまいりました。ブッタ、カミーシャ、アッラー、イエス他の神々たち。またミカエル、ウリエル、ザドキエル、ラファエル他の天使たち。彼らからの貴重なメーセージで必要・重要なものをまとめて、代表者をマーくんと呼んでいました。

　しかしアクエリアスの時代にしっかり入った今、2022年にイエス・キリストが目の前にお姿を現し大切な指示をされ始めました。これからその大切なポイントをお伝えいたします。

5大神の集合光

私がなぜ教会へ
通い始めたのか？

　自分の家と小学校への通学路の間にあった教会はなぜか心が引かれる空間でした。

　それは学校では教えてくれない、でも真実が理解できそうな空間として感じていました。

　たとえばダーウィンの進化論。人は海の中の微生物から進化して、両生類から猿人、そして人間になった ── と教えられます。これをおぼえるとテストの点数が上がり通信簿でも評価される。社会科でも歴史的人物の名前をおぼえたり、算数でも方程式や図形の理論を記憶することで計算式による回答ができる。しかしもし歴史書や聖書が書き換えられていたらどうでしょう。真実は分からず、真実ではない方向へ導かれてしまいます。

　先程の話に戻りますが、真実の存在する時空へ繋がれれば、

学校で先生の話を始終聞いていなくても、いつかは正しい答えが書き込まれている「証し句霊高度（アカシックレコード）」にダイレクトでチャネルすることで洗脳教科書や学習時間は不要

になります。それに代るのが教会へ毎週通うことでした。

しかしそこでも宗派によって聖書が異なり、戒律や遵守事項もまちまちです。

でも十字架に架かるイエスだけは同じです。ならばイエス・キリストだけを信じて探究すればこの世や人生の過ごし方は間違いないのだろうと思い、どの街へ転校しようと教会だけは通い続けました。

その感性を高めるために瞬間無空域とテレパシーするアンテナ"アンタカラーナ"を磨きましょう。

イエス・キリストによる
解説

一線の壁を越えると
そこには永遠が待っています。

　私イエス・キリストは十字架にかけられた後、復活し、
その後日本に渡りました。
　北海道から東北、本州を南下して伊勢にも立ち寄り、
伊勢の伊雑宮に十字架をはじめとする当時のユダヤ
のさまざまな遺品を運びました。伊勢神宮や奈良の法隆
寺にも残されています。ひふみ神示に「伊勢の地は猿
田彦命が治める地」と記されていますが、宇宙からやっ
て来た猿田彦命とは私イエス・キリストのことなのです。
　なので、地球の歴史の原型を作った大和の国の起源
は縄文、アイヌ、沖縄の人々が作り上げてきた経緯があ
ります。

品格を成長させてください。すると宇宙のお友だちが大歓迎してくださいます。

やわやまは
キリスト教の他にも
日本のさまざまな
宗教に参加

やわやまはキリスト教の他にも日本のさまざまな宗教に参加しました。

キリスト教のほかにも、ご縁が

あればさまざまな教会の集会や礼拝に参加していました。

天理教、真光教、白光真宏会、ひふみ神示の会、日本紅卍会、世界救世教、等々。

ところがあるとき大本教に出会いました。大本教とは、出口なお女史と出口王仁三郎氏が立ち上げた「大本教」です。大正・昭和の二度にわたり弾圧を受けて壊滅させられ、その信

徒生たちがそれぞれ立ち上げた宗教に現在も継承されています。「五十六億七千万年の星霜を経て、いよいよ弥勒出現の暁となり、松の世を顕在するため、天意のままの善政を天地に拡充したまう時期に近づいて来たのである」と。西洋のイエス・キリスト教と、わが国の大本系列との流れもタイミングも全く一致しているこ とに気づきビックリ。これに『オイカイワタチ』や『宇宙学』などと合わせると山下達郎さんの♪スプレンダーや♪さよなら夏の日、ユーミンさんの♪春よ来い、♪朝陽の中で微笑んで、の歌が浮かんで、さらにフィフス・ディメンションの♪アクエリアス〜レッツ・ザ・サンシャイン・インとリンクしていることに唖然！です。

ポジティブはアクセルです。ネガティブはブレーキです。
ポジティブはアクセルです。なので進みます。どんどん進みます。
ネガティブはブレーキです。なので止まります。進めず止まります。

LOVE

宇宙の星たちは愛、すべての
星たちは愛のエネルギーででき
ています。

地球の人たちは奪う、殺す、ダ
メージを与える、まったく逆の性
質です。私たちも愛のエネルギ
ーに転換しなければ。

愛は補完の性質があります。
お互い同志が補完し合います。
助け合います。それが"愛"のエ
ネルギーなのです。

memory

記憶や記録は物質界の中にもありますが、すべてはアカシックレコードの波動時空の中にあります。スマホのメモリーや記憶メディア、また人の脳にも物理的な容量があって、データの保存には限りがあります。けれど人々がテレパシーでアカシックレコードにアクセスして、必要なデータを引き出せるようになれば物質データは役目を終えます。

Freedom

　神様も光です。霊です。肉体を持つこともできます。しかし肉体を持つと自由が利かなくなるので次元を下げて肉体を持つことはしません。人も宇宙船に乗るときは頑丈な宇宙服を着ますが、自由が利かなくなってしまうように。

　また宇宙には肉体を維持し、生命活動を継続するための酸素や窒素、水素などがありません。それで肉体があるとかえって厄介なことになってしまいます。つまり霊主体従（霊が主で肉体がそれにしたがう人間の次元）から、さらに進んで100％の完全光霊体の状態であるほうが活動しやすいのです。

イエス・キリストからの
メッセージ

三次元の枠が外れるとそこは広大な宇宙の庭。宇宙庭園です。
銀河庭園です。輝きの素です。雅な庭園です。それが輝素雅殿です。
あなたのハートチャクラに存在しています。

最近の朝日は、様々な神様たちが集まっています。

　地球の人々が観ている朝日は、「金のヴェール」と呼ばれています。

　地球から269万キロメートルの宇宙空間で、地球星と太陽星の出す気のエネルギーがぶつかり合い、スパークしたエネルギーの和が光を発生し、それぞれの星へ返っていきます。それぞれのエネルギーの差が熱になって返っています。

　太陽星は一年中気温が25度で、雨は夜中にだけ降ります。とても快適な星でとても霊格の高〜い太陽星人たちが、毎日楽しく過ごされています。宇宙に浮いている星々はさまざまなグレードがあって、そこに住む人々の霊格の高低で環境が異なっています。

　ですから私イエスの仕事は、地球と人類の方々の霊格が高くなるようにサポートをすること。それが昔も今も私のメインの仕事です。

　この2千年の間にさまざまな銀河の数万の星々を巡回してきました。今回また地球星と地球人のサポートをさせていただきにまいりました。

　私が復活したあとは、使徒たちにその役目を託しました。その後（使徒たちには）、世界中にある幾つかのイエス・キリスト教会の多くの信徒さんたちの学習に携わっていただきました。まことにありがとうございました。また東洋を受け持たれた神々さまのご努力も実りつつあります。ゴール間近のラストスパート期をたいへん嬉しく迎えられます。

　地球の皆々様、ありがとうございます。本当にありがとうございます。

アクエリアスの新時代は競争原理、リーダーシップ、戦争、貨幣経済が消滅します。

それは新時代の協力、協調、調和、融和、補助のエネルギーが全てになるからです。

時既に神々の世界では全ての神々・天使たち・精霊たち・宇宙存在たちが一つに融合していて、そのエネルギーが次元下降して三次元を覆います。

複合神・複合天使・複合宇宙存在たちの光エネルギーがこの地球を光グリッドします。

最優先されるべき事象が何であるかを判断しましょう。

凛々しい姿で現れてください。宇宙の
皆が見ています。応援してくださって
いますよ。

　リーダーシップはそろそろ必要
なくなります。

　リーダーシップは魚座の時代
の象徴でした。しかし水瓶座の
時代は水平のエネルギーで満た
されるので上下関係やピラミッド
組織が役に立たなくなります。

　天上天下唯我独尊はもう既に
過去の魚座の時代のエネルギ
ーでした。

　これからはフラットなウエブ状
態の協力や助け合いのエネル
ギーへと転換していきます。よっ
て今まで支配しようとしていた存
在、他を排するエネルギーの存
在たちは消滅してしまう時代に
入ったのです。

世界が瞬間に変わるとき、もうそろそろですよ。

あなたたちの思いを一つにして
深北極一等星へ思いを投げかけて下さい。

地球は大宇宙のなかのとてもとても小さな星です。
でもとてもとても大切な星なのです。
地球は大宇宙のなかでもとても小さな星です。
なので宇宙遺産の星なのです。

耳を研ぎ澄ませましょう。視力を研ぎ澄ませましょう。
そして静寂の中に身を置いて。
すると物質を透化・透過して愛のエネルギーがくっきりと見えてきます。

意志と意識の融和が
未来のイメージを映し出します。

テクマクマヤコン、
テクマクマヤコン！

お月さまも嬉しさをこらえ切れずに
ダンシング！

第 **3** 章

ワームホールの出現

地球に大集合する異星人たち

ホットピンク色の
ハート型ワームホール

ワームホールは距離と時間に関係のないテレポーテーションの通路

　ワームホールとは、わかりやすくいうとドラえもんの「どこでもドア」です。

　三次元内の離れた場所へ一瞬で移動したり、異なる次元に瞬時にポジションを変えたり、また時代の後先へ時空移動することができます。地球では量子力学として研究中です。量子力学にしても宇宙工学にしても、三次元の状態で行うのはとても難しいことです。しかしオーラ、オーブ、チャクラやスピリット（魂）の次元では、簡単な仕組みになっています。三次元の物体の場所移動や星間移動を、霊体や物質状態を移動させず、反対にまわりの環境や時間を移動すればその物体は移動完了してしまいます。その役目を果してくれるのがワームホールの入口と出口なのです。

　もう50年以上前のことですが米国のテレビドラマで「タイムトンネル」というSFドラマを放映していました。そこに出てきたタイムトンネルのような装置を想像してください。人や物体を霊化して、その装置で移送先へ転送すればテレポーテーションが完成します。つまり『魂飛入圏』が完了します。

『魂飛入圏』とは

『魂飛入圏』は身体移動や幽体離脱とは違います。魂を身体から分離してゴールドコードを繋げたままポジション移動をしたり、星間移動をしたり、またタイムトラベルなどをすることです。

異星人の手を借りずにこの『魂飛入圏』を行うのはまだ難しいことですが、まず変性意識状態に入ります。アルファー波（8～13Hz）からシータ波（4～7Hz）へ、更にデルタ波（0.5～3.5Hz）へと、脳波をチェンジしていき、スターゲート（ワームホールの入口）から目的地と、目的の時代をイメージして移動します。

『魂飛入圏』は、現在の器具を用いた三次元でのバーチャル・リアリティーや、テーマ・パークなどの仮想理想現実とは異なり、四次元世界や五次元世界以上の時空を実体験する方法です。宇宙船に乗せていただくときも同じです。しかしこれはなかなか難しく、安定した意識が求められるため、いまは異星人の手を借りて行うほうが安全です。

ワームホール（コッペパン型）
クレバスに入ると宇宙の希望先へ
瞬間テレポ

宇宙船たちは、
異星人たちは——

　宇宙船たちはさまざまな銀河のさまざまな星々から飛来してきています。瞬間移動ですから正確にいうと飛来ではありませんが。

　当然、宇宙の方々が大勢乗り組んでいます。その数を知りたいですね。それは今地球上にいる総人口の数倍です。現在、地球人の総人口は約80億人ですから、400億人かな。その全員が地上に下りてきたら大賑わいですね。インバウンドご一行様。

　今、地球の国々のまとめ役をしている方々が考えている宇宙人対策を実行しても、つまり（防衛のために）戦っても、まったく敵わないでしょう。人数だけの問題ではありません。

　第二次世界大戦を振り返ってもおわかりだと思います。日本軍の動きは米国空軍がすべてお見通しでした。昭和20年4月7日不沈艦大和も、広島の呉軍港から沖縄海戦へ移動中に米空軍の集中攻撃を受け、2時間あまりで、鹿児島県の西南西約250キロ海域に沈められてしまいました。本艦隊27隻に護衛されながら大和だけが集中砲火で撃沈されてしまったのです。

　約3300余人中276名が救助されました。その後、新しい大和級戦艦の設計を急遽変更し、空母「信濃」に作り替えました。しかし横須賀港から南方へ移動中に遠州灘沖にて、偵察していた米国戦艦にこれも一夜にして撃沈されてしまいました。

　当時の日本の主力部隊は海軍でしたが、米国は空軍の機動力を主軸にし、海戦も陸上戦も先手を取り、優位に戦況を進めて日本を壊滅へと導いたのです。それでも負けを認めない日本軍部が終戦、いや敗戦を受け入れられなかったため、原爆を2都市に落とされて止むなく無条件降伏させられました。ですから毎年の終戦記念日は、本来敗戦記念日なのです。

地球外へも飛べます。

　話は少し逸れましたが、これと同じです。今の地球の文化や科学、精神のレベルよりも宇宙の方々の能力のほうがはるかに勝っています。われわれの世界では、宇宙戦争ものや宇宙進出ものの映画やゲームが流行っていますが、それらは到底ありえないシナリオなのです。

　今の地球の最先端の兵器を使い尽くしても、まったく彼らには通用しません。たった一機の宇宙船を打ち落とすことすらできないでしょう。映画「かぐや姫」のラストシーンのように。かぐや姫を迎えにきた宇宙船に、槍や弓矢で対応してもまるで通用しなかったように。彼らはエネルギー・フォース・シールド（磁場防衛幕装置）を活用できるし、そもそもそれ以前にテレパシー能力で地球人たちの考えを事前にすべて見抜いてしまうため、何をやってもお見通しなのです。

　したがって、戦いや防衛などはなから考えずに、宇宙からいらしている方々を仲良くお迎えし、調和して彼ら先人たちのさまざまな文化や科学、能力、感性をお教えいただいて、さらに大いなる発展へと成長を遂げることが賢明ですね。

可愛いイエロー・ティンカーベルが ワームホール出現を 告げる

ある日の夕刻、広々とした公園の樹木の側で可愛いイエロー・ティンカーベルを発見。

しかし物理的な紋黄蝶ではなく、異次元から舞い降りてきたお告げの精霊です。

飛び方も羽をはばたかずにシャボン玉のようにフンワリと風に乗って漂っています。すると付近にピンクレッドのワームホールがぽっかり出現しました。星間連絡通路の入口です。イメージして指定した時代の星へ瞬間移動できる通路です。

イエロー・ティンカーベルが
ワームホール出現を知らせます。

ワームホールの中に入ると何
処へでも飛べます。この銀河の
外の銀河へも。ホットピンク色の
輪っかが入口。

長閑な山並みを眺めていると空から光のシャワーが降り注いで、一面新次元の爽やかな風が吹いてきました。

AIは
機能しなくなるときが
きます。

　動物たちは、生息するすべての固体とテレパシーでコミュニケーションしています。

　コウモリなら地球の何処にいるコウモリたちともテレパコミュしています。

　植物も例えばプラタナスの葉は地球上のすべての樹木の葉とテレパコミュしています。

　テレパコミュをしていないのは人類だけです。それはアンタカラーナが退化してしまっているからです。これから人類のアンタカラーナが成長し機能しだすと、現在行われているスマホなどのメールの一斉配信やネット上での配信授業、またズームでも一瞬で同時通信ができて情報伝達が可能のように、世界中すべての人々とテレパコミュが可能な時代がやってきます。

　さらに、宇宙中枢のホストコンピュータであるアカシックレコードにアクセスできるようになると、その時々に必要なデータも一瞬で取得できます。その結果、物質文化・物質文明は終焉します。

　人の脳やAIは物質です。アカシックレコードやアンタカラーナは、波動エネルギーの世界だからです。

山間部に光のシャワーが降り始めました。

限界を越えた先にあるものへの到達点は
手が届くところまで来ています。

ボクは全世界のサカナ君の集合意識です。
♪およげ！たいやきくんの歌を歌って下さい。

地底には
地底都市＝
シャンバラがあります

地球の人類たちは地上に住んでいます。しかし宇宙のほとんどの人々は地底に住んでいて、よほどでないと地表に出てきません。それは地底の方が安全だからです。地表の場合は天変地異や異常気象、隕石の落下など、星表面でアクシデントの発生する率が高いからなのです。

今の地球の内部にもシャンバラ（地底都市）があります。地底に住んでいる方々がいます。地底はボールと同じような構造になっており、球体の中心に太陽があり、そこを上空の中心と見なして、生活しています。青色地底人です。青色人種です。

母船はさまざまな型を表現し、水蒸気を纏って現れます。
これはムササビ型になっています。あなたたちは次元飛翔のとき、
多くの魂を連れて行くことができます。

五輪のマークをイメージして みてください。赤色、黄色、黒、白、青色ですね。赤はネイティブインディアン、黄色は東洋人、黒は黒人、白は白人、そして地表に生息していないのが青色人種です。映画のアバターに登場する青色人種です。この人種は地表にいる4つの種族より精神的な構造がとても高度です。地上の種族の野蛮な生存状態を避けて、地底に居住しているの です。異星人との交流もあります。異星人たちは宇宙船ごと地球の地底や海底へ入進し、シャンバラへ到達することが可能です。地球人には一切かかわらずに青色人たちと交流しています。

　ですから地球人も早く異星人や青色人種たちと交流できるようになるといいですね。

海岸の上空にシャークたちの意識体が泳ぎ始めました。
海中の波動と上空の波動が水面反射しています。

シャークたちの意識は天の川のエミュー星雲から意識を送信してきています。

母船はさまざまな型を表現して、水蒸気を纏って現れます。これはクラゲ型。

"心"はこれからの超レアソフトの必須アイテムです

地球の三次元の時代はとても長く続いています。

プレアデス星団の星々やシリウス星、ケンタウルス星、アンドロメダ星などは地球よりも2千〜4千年、あるいはそれ以上の時代の進化を遂げています。その進化の差は何でしょうか？

それは心の純度の差です。地球では競争原理が支配し、強いもの早いものが勝ち、権利を得てシェアを奪い合います。その結果、時代の変化は遅速で、ゆっくりしたものになります。せっかく築いた世界や文化を戦争で壊し、壊滅させて、元の木阿弥（もくあみ）になっています。

しかしすべての国、企業、行政を統一すれば開発や発展はスピードアップします。それにプラスして「喜びの波動」を混入すれば、さらに発展は加速します。

それらの要素や仕組みを理解した星では、進化・進展は倍々速で進みます。

地球人たちも早くその仕組みに気づき、取り入れられて、より良い社会となり、より良い星となり、そして宇宙の仲間入りをなさってください。優良星への道を切り開いてください。

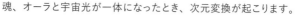

魂、オーラと宇宙光が一体になったとき、次元変換が起こります。

太陽星のアンタカラーナ（上方向）

　金のヴェールから上空へ放たれる太陽星のアンタカラーナは、
地球の今の状態を大宇宙へ知らせています。

イエス・キリストの
メッセージ
DNAコードの本数が増えると
不老長寿に──

あなたの細胞の中に光をたくさん取り入れると細胞が輝きだします。

その世界へ行く方々の小さな細胞の中には、もう未来の世界が芽吹いています。

私イエス・キリストは、いつもいつも皆さんを見ていますよ。
地球の大気圏内にいるときも、遠い宇宙にいるときも、
いつもいつも波動センサーで感じていますよ。

アルデバラン星からテレポしてきました。

　次元変換中のコクーンです。金色の繭がホワイトになり、水蒸気の雲の中へ入ろうとしていました。地球の人たちと早く仲良しになって宇宙旅行へご案内したいと思っています。

UVバランスリングは超健康の基礎です。無病息災の元です。

アルクトゥルス星からテレポして出現した大型母船。船中には山があり、湖があり、樹木や大気やさまざまな動物も暮らしています。建物もあります。ほかの星へ行った時のために素材の変換装置や合成・分析装置もそろえ、一つの星のようになっています。まさしく方舟です。

　シリウス母船です。水蒸気を纏って雲に見せかけています。
　24万人ほどの魂たちが乗船しています。人は皆中性か両性です。

　オールマイティーでオートマチックなL.G.B.T.I.Q.＋たちです。地球人たちのようなこだわりはまったくありません。

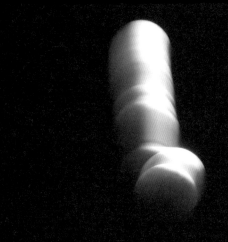

神々との戯れで時を忘れましょう。そしてすべての体験が一瞬に圧縮されます。
月はあなたの心のバランサーです。心と体の安定を保つための光石です。
そのために地球から独立したのです。

太陽星のアンタカラーナ（下方向）。
金のヴェールから地上方向へ放たれる太陽星のアンタカラーナは、
地球環境の今の状態をリサーチしています。浄化もしてくださっています。

常識をくつがえす。常識にとらわれない。常識は過去のもの。
常識を超越します。常識は書き替えられます。
書き替えられてしまいます。

白鳥座のアルビレオ星から、
プレアデス星団のタイゲタ星経由でエメラルドグリーンの
ハート・チャクラエネルギー波動を地球の皆さまへお伝えに現れました。
このエネルギーをハート　チャクラへいっぱい吸い込んで
温度を高めてハートを拡げましょう。

母船はさまざまな型を表現して、水蒸気を纏って現れます。クジラ型に。
クジラは20万Hz以上の振動波で宇宙の星々と通信しています。

"チャクラ"と "オーラ"と"肉体"、 そして"魂"とは?

私たちの生命は"チャクラ"と "オーラ"と"肉体"と"魂"の4 つでできています

この4つが連動して生命活動 を営んでいるのです。どれ一つ 欠けていても生きていられませ ん。医療では身体だけを扱い、 身体機能の組成や治療を行い ます。死なないように、病気が 回復するように治療をします。し かし"チャクラ"と"オーラ"のエ ネルギーが働かなければ、また "魂"が身体に宿っていなけれ ば生きていることはできません。

妊娠中のお母さんのお腹の胎 児に、受精数カ月後に、魂が霊 界から下りてきて受胎します。そ して10ヵ月あたりで産まれてきま す。また命を終えて死ぬときは、 "魂"は肉体から抜け出て離れま す。約49日後に霊界へ戻ります。

イエス・キリストは復活後に地 球を数カ所回り、その後金星へ 戻りました。金星で東洋を担当し ていたアトレ神と合流し、その後 銀河へ旅立ちました。"魂"の存 在で。身体は行った先の星々で

体主霊従から
霊主体従へ
進化する

見合った身体に宿ります。魂飛入圏します。

今回の地球では"魂"の状態で活動されます。身体を持つと、また地球人たちは争いをしかねないからです。イエスの争奪戦が始まってしまうからです。

1975年にスイスに飛来したプレアデス星人セムヤーゼ船長の争奪戦のように。

なので"魂"の状態で活動していたほうが、お互いスムースなケースが多々あります。

現在の地球では肉体的な身体がないと生命活動はできません。三次元では物質の状態が必要となるからです。

『ひふみ神示』にあるように「知ではあらんがな」——つまり、知識ではなくてこれからは感性が必要ですよ、と告げられています。これは今より高い次元へ移行する時期には、この次元の知識はもう不要になり、次の新次元で生きていくための感性が必要であるということです。

また体主霊従から霊主体従への変化とは、オーラやチャクラがパワーアップして、肉体的身体は薄らいでいくことです。そしてエネルギーが、魂からダイレクトに実現しやすい存在へと進化します。

五感すべてがさらに開花し、見えないものが見えてきたり、聞こえない音が聞こえてくるからです。

神様も光です。霊です。肉体を持つこともできます。しかし肉体を持つと自由が利かなくなるので次元を下げて肉体を持つことはしません。

　なので霊主体従からさらに進んだ、100%完全光霊体の状態のほうが都合いいのです。

次元下降中に少し姿を現しました。

第 **4** 章

宇宙船たちの次元降下

金のヴェールから降り注ぐ愛の粒子

遡上した鮭の産卵のよう。

これぞまさしく
"クリスタル・ベル"

数多くの宇宙船、
異星人たちが
大気圏内に飛来

　私たちが最近使っている宇宙船はオールピュアクリスタル製です。

　消えることも可能です。一瞬で数万光年の先へテレポも可能です。

　さまざまな宇宙を行き来する共有の移動手段です。

　アカシックレコードへも、銀河空間と時代・時刻をセットすると一瞬でアーカイブできます。

　アカシックレコードとは宇宙図書館、アカーシャの記録とも呼ばれています。

　その記録にアクセスすることが、これからの地球人たちの自覚と進化につながります。

安息日は休みなさい。
ルカによる
福音書第6章13

「6日を全力で働いて、7日目は休みなさい」そして「善きことをしなさい」。

そこには6日を真剣に働き、次の日は休息を取りなさい、とありますが、必ずしもこのパターンで

なくてもかまいません。7日間をそれなりの力の入れ具合で働き通しても善し、週休2日でも善し、勤労2日でも善しです。各自の気持ちや年齢、体力・体質によるペースで取り組んでください。

魂とは…

魂は生命力の源です。天の父が造られました。

天の父とは創造主です。サムスィング・グレートとも言います。

科学的にはブラックホールとか、ホワイトホールとも言います。

チャクラとは…

　インドのヨガやアーユルベーダでは、体内にある7つのエネルギー・センターです。

　1番は下腹部に、2番はへそ下に、3番は胃に、4番は胸の中心に、

　5番は喉に、6番は頭部に、7番は頭頂にあり、それぞれの肉体の付近へエネルギーを送っています。

　そのエネルギーによって生命活動が一生涯続くのです。

記憶や記録は物質界の中にもありますが、すべては
アカシックレコードの波動ラーヤの中にあります。
　人の脳内やメディア内・スマホ内に保存するには限り
があります。人々がテレパシーでアカシックレコードにア
クセスし、必要なデータを引き出せるようになれます。

愛はとても強いもの。あらゆるものに打ち勝つ、とても強いパワーを持っています。
地球を破壊しようとする者、人を殺す者は魂を抹消されてしまいます。
この宇宙から存在を全く消されてしまいます。

今あなたがいる場所は宇宙の神秘の一端です。
その神秘の一端が次の世界になります。
大宇宙全てを網羅する時空になります。

お月さまこんにちは。私たちはプレアデスの姉妹です。

お月さまも一緒に遊びに出まース。誘われちゃいまース。

私たち宇宙存在が宇宙からこの地球へ来るときには
次元を下げて現れます。

　私たち5次元〜6、7、8次元の者たちが3次元まで
段階を追って変化して、皆さんに確認して頂けるように
現象化します。現象化しない場合の方が多いので地球
の皆さんには全く気づかれずに行動しているケースが
多々あります。

このように現象化するには皆さんに気づいて頂いて考えて貰いたいからです。

3次元以外の世界があることを、また進化した素晴らしい世界があることを。

いつまでも3次元に留まっていることが必要無いことを。

私たちはプレアデス星団のアルシオーネ星からテレポして来ましたアルシオン号の乗組員です。

以前アルシオーネ星で地球の皆さんと時をご一緒させて頂いていたお友だちです。

皆さんに再会したくて下りて参りました。

「お久し振リデース！　御無沙汰デース！」

こころは晴れやかですか？

こころに信念はありますか？

こころに勇気は漲っていますか？

こころに理想はありますか？

あなたはどこへ向かいたいですか？

クッキリと現れました。子連れでゴメンなさい。アルシオン号です。

複数の宇宙船スターシップが
雲の回りで楽しそうに飛び回って
います。

　地球の地上に近い付近をピュ
ンピュン高速で飛び回って、地球
を観察しています。

　瞬間移動なので目で追うのは
とても難しいです。ハエよりもは
やいです。ハエー!

ショーヘイさん、
タクマさん、ナオヤさん、
見えますか?
ワタシたちを

あなたが見たい形に変化いたします。
美しく、素敵に!

待ってー!　愛のロック・オンだ!

富士山山頂から地中に入ります。

母船は数万機のスターシップを
輸送中。
スーパーフリーエネルギー
ハイブリッド機を。

地球を卒業することは
とても凄いことなのです。
自信を持ちましょう。

これからの社会は共産主義がなくなります。

これからの社会は資本主義がなくなります。

これからの社会は民主主義もなくなります。

それは政治が必要なくなるからです。政治は国を治め、国民を統治するために生まれたものですが、アクエリアスの時代は、国民や地球人全員が調和して意識統一した社会になります。よって統治や管理は必要なくなって消えてしまいます。

一人一人の意識が全体に統一されて集合意識が完成します。意識の大調和です。

人が光を吸収して、光の柱になって発光体になるとソーラーポストになります。

皆がそのようになればソーラーパネルは必要なくなりますね。

波動センサーを持ったソーラーポストになり、電力は必要なくなります。電磁波も発生しません。

いよいよ地球人総集団卒業の時。
大きく大きく深呼吸してください。

あなたは宇宙を愛したくなります。
そうすれば一瞬にして大宇宙から愛されますよ。

私たちと地球人たちの光の柱で、地球星を輝く星座にしましょう

　西洋の神々、東洋の神々、天使たちの光の融合によって、カラフルなシャボン・ボールが降ってきます。

　今回イエスは光の存在、魂の存在で地球にやって来ました。前回は聖母マリアの子供として産まれ、人間イエス・キリストとして一生涯を生きました。

　しかし今回転生はしませんが、必要な場合は、やわやま氏にコンポジットして活動するケースがあるかも知れません。

　コンポジットとはスピリット、チャクラ、オーラが合体することです。

とてもカラフルな金のヴェール

金のパウダーは、光のペッパー・ミルから降り注ぎます。
多彩な光の味覚が楽しめそう。ショータイム！

金のヴェールから光のツブツブが降ってきています。キラキラキラと。
ずーっと見ていると自分が金箔になっちゃいます。

まだ見ぬ世界への想像と創造力が、異次元への扉を開きます。
カラフルなプリズムの光粒子がシャワーのように降ってきます。

　　地球星と太陽星とのエネルギーの干渉現象によって、
この地球に光の粒子が降り注いできています。
　　それは宇宙の愛の結晶"アムリータ"です。
　　この地球上でまだ知らないのは、あなたたち人間だけ
なのです。自然界の皆さんはすでに理解しています。

星の造り方は太陽星とのハレーションテレポです。

第 5 章

ハレーション・テレポ

太陽との次元交換操作で星は生まれ変わる

　　地球は進化します。間違いなく進化します。

　　すべてをポジティブに捉え、一切のネガティブを消し、未来を夢明示しましょう。そうすれば今の文明の物質科学や成功法ではなく、一人一人の意識の転換の総合想念を結集することになり必ず進化します。飛翔して進化します。

　　意明示から、夢明示へシフトアップしましょう。

　　眩いオーロラがこの地球全体を包囲するときがやってきます。

　　この地球星はサナギになります。そして地球全土が輝きを発します。

　　フィフス・ディメンションの♪アクエリアスの歌のように。

いよいよ
アセンションが……

アセンションは現世からでも霊界からでも移行可能です。なので現世にいるあいだにできるだけ準備しましょう。

現在の三次元社会はアセンション後へは継続しません。三次元社会での財産、名誉、地位、物資等の業績はまったく評価されません。持ち越しもできません。

それらはどちらかというと不評価の対象になってしまいます。

何が評価されるかを真剣に考えて実践しましょう。

何が真の価値かを早く見極めましょう。

自愛と他愛の
双方を……

　他を助ける、サポートすると結果的に自分が助かることになります。エネルギーのサイクルが自然循環する世界になっているからです。

　それが水瓶座アクエリアスの時代特性なのです。もう始まっています。

皆さんのレム睡眠中は、魂と脳の活動が離れます。そのとき意識すれば『魂飛入圏』をすることができます。ワームホールが開いているときに。

　耳の鼓膜ではなかなか聞こえない音、精妙な純粋正弦波を聴き続けましょう。
　耳で聞こうとしないで、1つ1つの細胞で受け入れるように聴いてみましょう。

　人々の想念の状態が天候や地質に影響しています。想念の波動状況が喜びに満ちていると天候は素晴らしくなります。穏やかな状態がいつまでも続きます。

今、大気圏の外から様々なテンソルビーム（宇宙光線）が入射してきています。

　そのテンソルビームを意識して吸収できると宇宙覚醒しだします。

アンタカラーナを育成しましょう。足元の低周波のチャ
クラから頭頂の高周波のチャクラを活性して、アンタカラ
ーナを育成しましょう。

これからは調和が大切になります。1950年頃までは対立、戦い、独占、独裁が許されていましたが、時はすでに平和から調和の時代に成長しました。

　よって対立、戦い、独占、独裁管理は、これからは許されない時代に移っています。

　そのような方々の生きる場が消滅しているからです。

現世中からアセンションする場合は霊界人をお連れ
することも可能です。
　　ですからご縁を大切にしましょう。

　　心の持ちようが未来を造ります。中心軸をしっかり据
えて純粋な正弦波で高回転してください。
　　赤ちゃんのような無邪気さに。邪気数ゼロに。

　一瞬一瞬の積み重ねが永遠を造ります。

　金星からいらしていたイエス、ダ・ビンチ、モーツア

ルト、バッハさんたちとテレパ・コミュしてみましょう。

　太陽星からのエネルギーと、地球星からのエネルギーが交わる接点。金のヴェール。

　この接点から今、無数の光の粒子が私たちに降り注いできています。注いでくださっているのです。

マジカル・ソート

　思うこと、念ずること、それは念波です。念波は光より早いスピードで宇宙の彼方まで伝播します。全方位へ飛びます。なので私たちの思いは、私たちが思った瞬間にもう宇宙の誰もが知っています。もちろん神々も、創造主も。

　でも邪念波はいりませんヨ！

　念波は光より早い速度で飛びます。念波の受信・発信がテレパシー通信です。

　自分が思った瞬間に相手の脳や魂に届いています。しかしアンタカラーナが育成されていないと以心伝心ができません。

テレパシー会話が可能になるとスマホはいらなくなります。アカシックレコードへのアクセスも瞬時にデータが得られます。そのためにはアンタカラーナを育成することです。

　アンタラカーナとは外脳です。頭頂から上空へ伸びるアンテナのような脳です。頭の中にある脳をいくら研究しても解明はできません。モーツァルトが、子供の頃から多数のシンフォニーやオペラを作曲できた理由を研究しないと!

　アンタカラーナと松果体が繋がると五次元域に入ります。

人々の想念の状態が天候や地質に影響しています。
想念の波動状況を喜びに。

　地球の浄化のためには皆さん一人一人の心の浄化
が大切です。心が浄化されると身体も浄化されます。心
身が浄化されると家や環境も浄化されます。するとそれ
が地域へ、国へ、自然界へと広がってゆき、やがて地
球そのものが浄化されます。

7つのチャクラのチャージも必要です。7層のオーラの拡大も大切です。

さらにエネルギーのセンタリングを完成させ、グラウンディングを固定します。

すると身体を包む光の柱ができあがってきます。

これで「天」、「人」、「地」が完成します。

今まで「地」の時代にしっかりグラウンディングができた方は、とてもスムースにアセンションします。

アセンション！

透き通るシューターを抜けて眩い空間へ移送されます。

そして過去は全てアカシックレコードの中に整理され
て並んでいます。

「お疲れさま」コーナーに。

感性を高める方法

今の地球の分化は知識優先型です。

しかしこの先は感性が優先される時代に入り始めます。

心の持ちよう、心の豊かさを増して、全てのものたちと調和することが重要視され、物質や財力や名誉などは不必要な、無意味な時代になり始めています。

他人を思う気持ちと、いとおしむ気持ち、ものや自然を尊重する気持ちや調和する気持ちが最優先されます。なので調和することが進化への一番の選択肢なのです。

木の葉は知っています。地球上の全ての木の葉とテレパコミュしています。鳥たちも知っています。鳥ら全てとテレパコミュしています。

菌たちも知っています。菌類全てとテレパコミュしています。

まだ知らないのは人類だけです。

その感性を高める手法はヨガ呼吸法、直感瞬間瞑想法、変成意識活用法、テレパシー育成法です。その他、心の意識の開発・活用「洗心法」が必要とされます。

日本最東端の地、北海道根室半島納沙布岬、
世界一早い日の出を浴びてやわやま号にチャクラが浮かぶ

付 章

やわやままことの活動メニュー

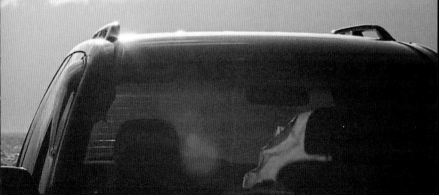

次なる時代への
アプローチ

今まで当たり前であった物質中心の時代が次第にうすらぎ、それと入れ代りに光の密度が高まるエネルギーの時代が始まりました。

この変化は体主霊従から霊主体従とも言われ、私たちの肉体を光体へと代えて行く作業の時代です。

この霊体とはチャクラの光やオーラの輝き。

チャクラをチャーヂすると宇宙や自然界からいつも頂いているプラーナ（生命活動のエネルギー）の補給率が高まります。

またこのプラーナは肉体細胞の健康面だけではなく、その外側へオーラとして運勢を好転し、この地球の進化ともハーモナイズします。

この進化促進に純粋なクォーツクリスタル・ボウルのバイブレーションCDを是非お役立て下さい。

クォーツクリスタル・ボウルの発するバイブレーションの有効性

やわやまが制作するクリスタル・ボウルのCDは耳で聞き心地良さを楽しむヒーリングやリラックス用の市販されているCDとは全く異質なものです。

それはクォーツクリスタル特有の強力な正弦波の低周波〜超高周波を特殊な方法でレコーディングし、できるだけクォーツクリスタルの生の原音をパックしたものです。

このバイブレーションは人のオーラ、チャクラ、魂などのエネルギー体と、物質的な肉体を構成する全細胞へ直接働きかけることにより、私たち人間の生命活動の基本を整えて改善し安定させる作用を発揮します。

人は長い人生の中で様々なストレスやトラウマ等でこの基本的な正弦波のバイブレーションを乱しがちです。その結果オーラが傷んだり、精神的な疾患や肉体的な症状をわずらいます。それらを一掃する方法は乱れたバイブレーションを正弦波に整え

ることがポイントです。

調和と輝き

　チャクラの活性やオーラの形成によるエネルギー身体（ライトバディ）を作り、感覚を養うことによって何らかの潜在能力も現れて来ると思いますが、それよりも自分自身の存在を深く正確に認知し、適切な表現をすることによって、実生活がより充実し、毎日の一瞬一瞬がとても素晴しい体験であることに気づくことができるようになって来ます。

　その結果、自分がいつも心地良く、相手や自然のもの全てと快適な状態をプロデュースでき、そこに光の密度を高めて輝かしい自分の存在を見出すことができます。

宇宙の響き"クォーツクリスタル・ボウル"パーソナルCDのご案内

　お名前、お写真、電話カウンセリングで、今の貴方に最適なクリスタル・ボウルのバイブレーションCDを一枚ずつお作りしています。

　このクリスタル・ボウルのCDは全て4万hzまでレコーディン

グしてありますので、できるだけ音質・音域の良いスピーカーのオーディオかヘッドフォンでお楽しみ下さい。

　2〜3週間たつとご本人の細胞が変化し体調が良くなるにつれ意識もポジティブへと変って来ます。光の遠隔エネルギーとは皆様の体調不良、精神状態、霊的状況を改善すべく・やわやまが輝素雅殿・東京より、最適な調整の光エネルギーを発信するものです。

　この光エネルギーを受けて頂くことによりご自宅やオフィス等にいながらにして速やかに体調等のコンディションアップを図ることができます。

光の遠隔クリアリング

　急に体調が悪くなった、風邪で発熱した、寝つけず興奮が治まらない、胃がムカムカして気持ちが悪い、息苦しくて窒息しそう、自制心を失いがち、など、自分一人ではどうしようもないときがあります。

　そんなとき、その場でピンチを瞬時に解消させる光のクリアリン

クエネルギーを送ります。そのピンチを作っている原因をただちに解消させ、エネルギーの流れを通し、血行やリンパの流れを整えます。すると短時周で急場をしのぎ心身共に落ちついたコンディションを取り戻すことができます。

1. 肉体的症状

アトピー、肩凝り、腰痛、しびれ、めまい、発熱、下痢、肥満、視力回復、ぜんそく、不眠、更年期障害、生理痛、冷え、がん、リュウマチ、骨格の歪み、糖尿、不妊、自律神経失調etc.

これらの症状や病気に対しては受けられる方へ数種類の光工ネルギーを送信いたします。

- 自律神経のバランスを整える"光のエネルギー"（光のバイブレーション"）
- ホルモン分泌のバランスを整える"光のエネルギー"etc.

結果として全ての細胞の振動の純化と、氣脈（体内経路の流れ）をスムーズにして、循環器系や消化器系、呼吸器系などの機能のバランスが整い、体調が平常な状態へと変化し始めます。

2. 精神的症状

躁、欝、いらいら、焦り、自信喪失、引きこもり、倦怠感、失恋、不安、猜疑心、切れる、咎め、迷い、強欲etc.

これらの症状や病気に対しては、受けられる方へ気持ちがポジティブな方向へ改善する数種のエネルギーを送信いたします。

- 細胞内に抱えているストレスエネルギーを体外へ放出する"光エネルギー"
- 内の『氣』の流れを整える"光エネルギー"また大気、自然界との調和する「気」に整えます。

3. 地場の浄化

住まい、職場、地場などの環境のエネルギー。これらの環境に対しては、受けられる方の空間へ適切なエネルギーを送信いたします。

- 空間に存在しているストレスエネルギーを開放する"光工ネルギー"
- 地場に存在しているストレスエネルギーを開放する"光工

ネルギー "etc.

自分自身の力で何をやってもうまく行かない、何となくイヤな気がする、住んでいる人が病気がち、業績が上がらない、などのどうしようもない場合には、その土地の地場的なエネルギーが関係しているケースが多々あります。

これらのエネルギーに対しては、地場空間のクリアリングに必要な光のエネルギーを送信いたします。

4. その他

妊娠中、出産時、永眠時四十九日間、旅行中の安全などの状況にもクリエイティブに対応いたしております。快適な「魂の活動と進化」のサポート

としてご活用下さい。

「魂」のバイブレーションは創造主のバイブレーションと常に共振しています。この共振感覚をチャクラやオーラのバイブレーションを高めて思い出

しましょう。

光の遠隔チャーヂング

試験直前にあがってしまい手が震えそう、スポーツの試合の直前だがパワー不足、オーディションやプレゼンテーションの直前に不安感がつのる、今まで頑張っては来たが今ひとつ自信が出て来ない……。

そんなとき心が落ち着け今まで築き上げて来た技や体力を十二分に発揮して、さらに運を味方につけてすばらしいパワーや結果を披露できたらいいですね。

光の遠隔チャーヂングは、交感神経と副交感神経のバランスを整えて自律神経をベストな状態にし、さらに自然界にくまなく存在しているさまざまなプラーナ（生命エネルギー）を体内に注ぎ、「自分ってこんなに素晴しいことができるの……。」と思うくらいに最高の表現をさせてくれる応援のチャーヂングエネルギーです。このエネルギーを活用してさらに輝いた自分をアピールしましょう。

※注：解熱剤、抗癌剤、誘眠剤などを服用中は遠隔のエネルギーがうまく作用しなかったり、痛みが強くなる場合もあります。また頑固な性格や疑いの気持ちが強い場合も効果が発揮しにくいケースがあります。

体験者からの
ご報告

体験報告①

いつも光の遠隔エネルギーを送って頂いて誠にありがとうございます。

やわやまさまからの"光の遠隔エネルギー"がこんなに素晴らしいものか、今のこの地球で受けられるものなのか?と驚きと感謝でいっぱいです。本当にありがとうございます。

始めの数日は内臓が正しい位置に戻る感じがしていました。

その後ねじれている感覚が次第に元に戻るような感じがしました。

10日目くらいになると尾骶骨とその周辺が緩んでいくのが分かりました。

丹田付近の不快感も薄らいできています。

仕事場では毎日始業時間と退社時間にやわやまさんから伝えられた「ありがとうございます。」を必ず唱え、気持ちが落ちついているときには一人一人に「ありがとうございます。」と心のなかで伝えています。すると皆からの気持ちと顔が綻びスマイルマークに見えてきています。

やわやまさんが作ってくださったクリスタル・ボウルのCDも毎晩部屋で掛けています。家族がいるので無音で(ボリュームゼロ)掛けながしています。始めは指先と爪先がジンジン痺れを感じ、次第に眼や歯や首筋に刺激を感じはじめました。

今では全身にとても心地よい振動を感じています。母も腰が痛いと言う口癖が少なくなった感じですが母にもヒーリング効果が出ているのでしょうか?

このCDにも魔法があると思います。生理痛も最近は感じなくなり酷いときは頭痛もありましたが、今は全く発生しません。もっと早くから知っていればと欲が出てきます。家族が誰もいないときにはラジカセの音を5くらいで聞いています。とても爽快な空間になります。また次のCDも使

ってみたいのですがお勧めをご指導ください。

体験報告②

　夢雲宮カードをありがとうございました。

「輝素夢雲宮カード」をありがとうございました。日本全国にある全ての神社・神宮へ下ろしている光エネルギーの総本山からの光と聞いて早速持ち歩いています。今までは各地の神宮へ時折り御朱印帳を持ち歩いて御朱印集めをしていましたがこの夢雲宮カードを手元に持ってからは全く神宮巡りをさぼっています。

　なんか何とも言えない安心感が漂っています。本当にありがとうございました。

日本一早い日の出　北海道最東端納沙布岬

ご相談をお受けします

INFORMATION

- カウンセリング、面談、電話全て完全予約制。
- 皆様のお悩み、不安、疑問など今すぐ解決したいこと、知りたいことに即答。

応ご相談内容

光の遠隔ヒーリング、遠隔セラピー

その他、体調や状況の遠隔エネルギーリサーチ、捜索、慰霊、状況好転等の光の遠隔作業もご相談の上対応いたします。

光の遠隔応援チャージング（活性タイプ）

試合、試験、発表会、出産、海外出張やご旅行中の安全の渡航にも対応いたします。

旅立ったペットちゃんや動物、植物他への応援チャージングエネルギー送信。

クリスタル・ボウル純粋正弦波のパーソナルCD（貴方にフィットした貴方だけの）の製作・販売45パターン他。

ヒーリング用、セラピー用、応援チャージング用、環境改善用。

農業用（果実・土中・地上野菜用他）、建築現場安全第一用、霊園付近の浄化用、他。

インフルエンザ他感染症、ワクチンシェディング対応用、他。

リーディング

霊人さんが今どの様な思いを持っているかのリーディング。

旅立ったペットちゃんが今どの様な思いを持っているかのリーディング。

その他環境改善、電磁波対応製品の製作、霊波対応製品の製作、エネルギー統一フォト。

体内浄化聖水（ミラクル・ウォーター）。

クリスタル・ボウルでのエネルギーチューニング。

クリスタル・ボウルを使っての疾患等の解消チューニング。

過去生退行でのトラウマ解消チューニング。

やわやままことがご依頼を 受けた光の遠隔セラピーの種類

- 身体的／不眠症、偏頭痛、発熱、嘔吐、腹痛、冷え性、輝魂（意識体）、胃ガン、大腸ガン、前立腺癌、難聴、視力回復、歯槽膿漏、歯痛、皮膚ガン、生理不順、子宮筋腫、不妊目眩、食欲不振、肩凝り、痔、自律神経失調、乳ガン、ストレス性疾患、腰痛、成長痛、皮膚荒れ、喘息、てんかん、アトピー、食欲不振、拒食、更年期障害、胆石の溶解、しびれ、リュウマチ、骨格の歪み、安産、健康増進

- 精神的／ウツ（鬱）、ソウ（躁）、引きこもり、対人恐怖症、トラウマ解消、赤ちゃんの夜泣き、パニック、多動安定、失恋、倦怠感

- 霊的／憑依、倦怠感、ご先祖様の慰霊、水子の慰霊、昇霊、ヘルニア、オーラチャージ、チャクラチャージ、魂輝化、四十九日法要、訳あり物件の浄化

- その他／出勤拒否、戦死者の魂の帰還、捜索、安全確保、植物・果実・作物の成長促進、登校拒否、技術上達向上促進、受験合格祈願、発表会、経営促進転換、心願成就

- ペット（ワンコ、ニャンコ、鳥、鯉、インコ、フェレット、二十日ネズミ他）／ペットちゃんの健康促進、胆石の溶解、口内炎、夜鳴き、下痢、食欲不振、拒食、捜索、術後回復促進

- 家畜（乳牛、サラブレッド、山羊、羊、レッサーパンダ、猿、アシカ、昆虫）／家畜の健康促進

※当方はショップではありません。
ご予約無しでのご来店には対応しかねます。

ゴールドのオーラに輝く
京都渡月橋上空のスーパームーン

光のシャワーを浴びながらワンコたちとお散歩中の筆者

あとがき
AFTERWORD

今、私たちは三次元の世界に住んでいます。物質文化の世界です。肉体も物質であり、生活用品もすべて物質です。旅行をするにも列車や船舶、航空機。宇宙へ行くにも物質のロケットを用います。宇宙ステーションも地球から運んだ物質で建造したものです。

寿命を終えて四次元の霊界へ行くと、そこはエーテルの世界で物質は存在しません。

そこを越えると五次元界や六次元界になります。意識を上昇させると、そこで生存することも可能になります。宇宙から宇宙船などで地球を訪れている異星人たちは、五〜六次元の存在たちです。霊格が地球人より数段高く、もう物質界はとうに卒業している方々です。私たちも過ごし方によっては異星人たちと同じ五〜六次元の世界へ移行して生活することが可能になります。

厄介な三次元の物質文化や貨幣経済、また生死を繰返す暮らしも卒業できます。そのためにはここにご紹介しました五次元以上の存在にならなくてはなりません。

今、皆さんが使っている物質の道具は必要ありません。今通っている学校へ行くことや受講しているセミナーを聴き続け、脳に記憶を溜め込むこともう時代遅れです。それというのもアカシックレコード（宇宙図書館）にすべてがメモリされているので、そのメモリにアクセスすれば、瞬時に必要な情報が入手できます。星々を旅行するにも、タイム・マシンに乗って目的地と目的の時代をセットすれば、希望の時空へ転送されます。

そのように私たちが進化する方法はもう明確化しています。

それは霊格の向上と感性の

育成です。それを行う手法にも手が届きます。

　なので、今までのように宇宙の最遠の端末ともいえる頭の中の脳に、たくさんの情報を重いぐらいに詰め込むことはまったく必要ありません。知識は全員が共通に保持するので、知識による優劣が消滅します。そして知性より魂の質を高めることと、感性を育むことが大切になります。

　心を浄化し健康指数を高める。音感や味覚を進化育成する。自然光に親しんで鮮やかな色彩感覚を発達させる。愛を与え、愛の共振を豊かに響かせることにより、宇宙へ輝きと喜びを拡張する。テレパシックセンサーやシャーマニクセンサーを研ぎ澄ませ、他の星の状況も感受する。

　病気になる原因を研究したり、薬学を学んだり、また保険に加入するよりも、楽しく過ごすことに勤（いそ）しんでいれば病気は絶対に寄って来ません。病気が発生しないし取りついてもきません。そして寿命も延びて、数倍〜数十倍もの長寿が可能になります。叶のう叶のう！それが♪未だ見ぬ春、ハールヨコイ！ハーヤクコイ！なのですね。

　今回この書籍の出版に当たり触れ会えた皆さま誠にありがとうございました。

　自然界の皆さま、誠にありがとうございました。

　守護霊の皆さま、誠にありがとうございました。

　守護神の皆さま、誠にありがとうございました。

　指導霊の皆さま、誠にありがとうございました。

　指導神の皆さま、誠にありがとうございました。

　イエス・キリストと複合光波マーくんの皆さま、いつもいつも誠にありがとうございます。

　創造主さま、いつもいつも誠に誠にありがとうございます。

　　　　　　　やわやままこと

イエス・キリストの光（スピリット）

2023 年 9 月 15 日　　初版第 1 刷

著　者 ──────── やわやままこと
発行者 ──────── 松島一樹
発行所 ──────── 現代書林
　　　　　　　　　〒162-0053　東京都新宿区原町3-61　桂ビル
　　　　　　　　　TEL ／代表　03（3205）8384
　　　　　　　　　振替 00140-7-42905
　　　　　　　　　http://www.gendaishorin.co.jp/
ブックデザイン＋DTP ── 鈴木知哉（nonburu）

印刷・製本　（株）シナノパブリッシングプレス
乱丁・落丁本はお取り替えいたします。

定価はカバーに
表示してあります。

ISBN978-4-7745-1985-2 C0011